Caballos, caballos, caballos

por Allan Fowler

Versión en español de Aída E. Marcuse

Asesores:

Robert L. Hillerich, Universidad Estatal de Bowling Green, Ohio

Mary Nalbandian, Directora de Ciencias de las Escuelas Públicas de Chicago, Chicago, Illinois

Fay Robinson, Especialista en Desarrollo Infantil

◐ CHILDRENS PRESS ®
CHICAGO

·Diseñado por Beth Herman, Diseñadores Asociados

Catalogado en la Biblioteca del Congreso bajo:

Fowler, Allan
    Caballos, caballos, caballos / por Allan Fowler.
      p. cm. −(Mis primeros libros de ciencia)
      Resumen: Una explicación sencilla de por qué los caballos son animales
tan útiles como hermosos.
      ISBN 0-516-04921-X
      1. Caballos–Literatura juvenil. [1. Caballos] I. Título.
    II. Series: Fowler, Allan. Mis primeros libros de ciencia.
SF302.F68 1992
636.1–dc20   91-35063
                                               CIP
                                               AC

¿Cómo iba la gente de un lado a otro antes de que existieran los automóviles?

¿Antes de que hubieran aviones, trenes o autobuses?

¡Caballos!

Cuando la gente no caminaba, montaba a caballo. O viajaba en carros, carruajes descubiertos, vagones o tranvías tirados por caballos.

Caballos, caballos y más
caballos se apiñaban en
las calles de los pueblos
y ciudades.

7

Los caballos empujaban los
arados de los campesinos.

Ahora, los arados son empujados por tractores.

Pero los caballos siguen siendo importantes hoy en día–aunque de otro modo. La gente monta a caballo para divertirse.

O disfruta asistiendo a carreras
de caballos o partidos de polo,
un deporte que se juega a caballo.

Caballos entrenados actúan en circos y espectáculos ecuestres.

Los caballos facilitan
la tarea de los vaqueros
y la policía montada.

Los caballos pueden ser
tan pequeños como este
minúsculo pony Shetland...

o tan grandes como este
Clydesdale, un caballo que
se usa para trabajos pesados.

16

Todos los caballos tienen melena, una línea de pelo que les crece a lo largo del cuello.

Un bebé caballo, o
potrillo, puede ponerse
de pie casi tan pronto
como ha nacido.

La hembra joven del caballo se llama potranca. Cuando llega a adulta se convierte en una yegua.

El caballo macho joven se llama potro. Al crecer se convierte en un padrillo o semental.

¿Sabías que la mayoría de
los caballos usa zapatos?

Los zapatos les protegen
los cascos.

Para que no se les salgan,
un herrero clava las
herraduras a los cascos
de los caballos.

Pero esto ne les duele.

Cuando no están trabajando, los caballos viven en locales llamados establos.

Sus dueños tienen que hacerles
hacer mucho ejercicio, y darles
abundante agua y comida.

La cena de un caballo puede
ser heno u otros pastos,
avena y maíz.

Los caballos son animales hermosos, y amigos muy leales.

¿Te imaginas cómo era la
vida hace mucho, mucho
tiempo–

cuando la gente tenía en casa
un caballo, en vez de un
coche, para pasear la familia?

Palabras que conoces

caballos

potranca   yegua

potro

melena

potrillo

Clydesdale

Pony Shetland

herrero   herraduras

establo

31

Índice alfabético

Acerca del autor:

Allan Fowler es un escritor independiente, graduado en publicidad. Nació en New York, vive en Chicago y le encanta viajar.

Fotografías:

Animals Animals – ©Fritz Prenzel, 14, 31 (arriba derecha)

North Wind Picture Archives – 4, 7

SuperStock International, Inc. – 28-29; ©Bob F. Ozment, 12

©Sarah Hoskins – Temple Farms, Home of the Lipizzans, Wadsworth, Illinois, 24, 31 (abajo derecha)

Valan – ©J. Eascott/V. Momatiuk, Tapa; ©Clara Parsons, 8; ©Kennon Cooke, 9, 15, 31 (arriba izquierda); Phillip Norton, 10; ©Y.R. Tymstra, 11; ©Stephen J. Krasemann, 13; ©Francis Lepine, 16, 30 (abajo izquierda); ©Herman H. Giethoorn, 19, 30 (abajo derecha); ©John Fowler, 20, 22, 30 (arriba izquierda), 31 (abajo izquierda); ©Alan Wilkinson, 21, 30 (arriba derecha); ©J.A.Wilkinson, 25, 26; ©John Cancalosi, 27

TAPA: Caballos y flores